INSTRUCTIONS
SUR LES DROITS
DE MESSAGERIES,

ÉTABLIS PAR LA LOI DU 9 VENDÉMIAIRE AN 6.

PAR une SOCIÉTÉ d'Employés supérieurs de la Régie de l'Enregistrement, Éditeurs des Instructions périodiques sur l'Enregistrement, Droits y réunis, & Domaines nationaux.

A PARIS,

AU BUREAU DES ÉDITEURS, rue de Bondi, N°. 3;

& se trouve

Chez PERNIER, Libraire, rue de la Harpe, N°. 188, vis-à-vis celle Séverin ;

Et chez PERRIER, portier de la Régie, rue de Choiseul.

On s'abonne au Bureau des Éditeurs, pour les *Instructions périodiques*.

An VII.

INTRODUCTION.

Pendant long-temps les Meſſageries ont été plutôt un objet de ſpéculation pour une Compagnie financière, qu'une branche de produits pour l'État. Elles furent d'abord affermées, moyennant 1,500,000 francs ; mais cette redevance n'arrivoit jamais toute entière au Tréſor public ; & ſouvent même elle ſe réduiſoit à rien. Le plus léger prétexte faiſoit naître des demandes en réduction ; la mauvaiſe foi les multiplioit, le crédit les appuyoit, & l'autorité ſurpriſe ou intéreſſée les accordoit. Tantôt c'étoit l'événement d'une guerre imprévue, tantôt des accidens aux voitures, tantôt des maladies de chevaux ; & loin de profiter à l'État, les Meſſageries étoient une charge pour lui.

La Ferme a été ſupprimée ; les Meſſageries ont été confiées à une Régie. Nouveaux inconvéniens. Cette Régie entraîna des dépenſes conſidérables pour ſon établiſſement, & les frais de perception abſorbèrent encore tout le produit que l'État en attendoit. Cependant, les citoyens voyagoient à grands frais ; la liberté de la concurrence étoit interdite ; la Régie avoit ſeule le droit excluſif d'établir des voitures publiques.

La loi du 9 Vendémiaire an 6 a ſupprimé cet Établiſſement, ruineux à l'État & contraire à la liberté. Elle laiſſe à tous les citoyens la faculté d'entreprendre des voitures publiques, moyennant un droit dont la perception eſt confiée à la Régie de l'Enregiſtrement. Cette loi a donné lieu à quelques difficultés, qui ont néceſſité des déciſions du Miniſtre des finances, & des inſtructions particulières de la Régie de l'Enregiſtrement. Ces déciſions, ces inſtructions, pour être connues, exigent des recherches d'autant plus pénibles qu'elles ſont répandues dans pluſieurs circulaires ; & que n'ayant ſouvent qu'un objet local, elles ne ſont point parvenues à tous ceux qui ſont intéreſſés à les connoître.

Ce n'eſt donc pas ſe rendre inutile à la choſe publique, que de rapprocher dans un petit Ouvrage les différentes diſpoſitions de la loi, les inſtructions & les déciſions auxquelles elle a donné lieu, & d'en faciliter l'intelligence par des explications courtes & préciſes.

Les citoyens ſoumis au droit de Meſſageries, les Receveurs chargés de le percevoir, nous ſauront quelque gré d'entrer avec eux dans le détail de leurs différentes obligations, & de les leur préſenter dans un ſeul & même Tableau. C'eſt ce que nous nous ſommes propoſé dans cet Ouvrage. Nous l'avons diviſé en trois chapitres. Le premier indique la quotité du droit, & les diſpoſitions générales de la loi. Le ſecond retrace les obligations des redevables, & le troiſième contient les devoirs des différens Employés chargés de concourir à la perception.

INSTRUCTIONS
SUR
LES DROITS DE MESSAGERIES,
ÉTABLIS PAR LA LOI DU 9 VENDÉMIAIRE AN 6.

CHAPITRE PREMIER.

Quotité du Droit, & dispositions générales.

§. Ier.

Quotité du Droit.

LE droit de Messageries est *fixe* & *proportionnel.*
Le droit fixe doit être perçu sur les voitures
suspendues, partant *d'occasion* ou à *volonté*. Il est
déterminé par l'art. 70 de la loi, ainsi qu'il suit :

Pour une Voiture {

à 2 roues & à 2 places . . 20 francs.
à 2 roues & à 4 places . . 35
à 2 roues & à 6 places . . 45
à 2 roues & à 8 places . . 60
à 2 roues & à 9 places &
au dessus 70
à 4 roues & à 4 places . . 40
à 4 roues & à 6 places . . 50
à 4 roues & à 8 places . . 65
à 4 roues & à 9 places &
au dessus 75

Le droit proportionnel eft réglé au dixième du prix des places dans les voitures publiques de terre & d'eau , partant *à jour & heure fixes*, & pour des lieux déterminés , fous la déduction d'un quart , pour tenir lieu d'indemnités pour les places vides que pourroient éprouver lefdites voitures (*art.* 68 , 69 & 71 *de la loi*).

§. I I.

Voitures de terre , partant d'occafion ou à volonté.

Dans le nombre de ces voitures , doivent être comprifes toutes celles qui partent à la volonté des voyageurs , comme les Fiacres , les Remifes , les Cabriolets , qui roulent dans l'intérieur des villes , les Caroffes & les Cabriolets pour la campagne , & généralement toutes les voitures publiques *fuf-pendues* qui ne partent pas à jour & heure fixes pour des lieux déterminés.

A Paris , & dans plufieurs autres communes de la République , des Entrepreneurs de Fiacres & Cabriolets avoient prétendu qu'ils n'étoient pas affujettis au droit de Meffagerie ; mais le Miniftre des finances a décidé , le 7 Nivôfe an 6 , que cette prétention n'étoit pas fondée ; & les Tri-bunaux l'ont jugé ainfi dans différentes circonf-tances. La décifion du Miniftre porte en outre que les voitures publiques *fufpendues* , partant d'occa-fion ou à volonté , font les feules affujetties au droit de Meſſageries. (Voyez la Circulaire de la Régie, n°. 1191). Il faut cependant excepter les Cabriolets que les Maîtres de Poſte fourniſſent quelquefois aux voyageurs, lorſque ces Cabriolets ſont conduits par leurs Poſtillons, & avec le nombre de chevaux fixé par les Réglemens, qu'ils ne ſervent qu'accidentellement, & qu'ils ne vont que du lieu de l'Établiſſement, à la Poſte voiſine. C'eſt d'après ces diſtinctions que le Miniſtre des finances a décidé, le 7 Thermidor an 6, qu'il ſera reſtitué au Maître de Poſte d'Haguenau la ſomme de 40 francs qui avoit été perçue pour le droit de Meſſageries des Cabriolets qu'il entretient au ſervice de ſon relais ; d'où il réſulte que le droit de Meſſageries eſt dû lorſque les Cabriolets dont il s'agit partent habituellement, ſont un trajet différent de celui de la Poſte ordinaire, & ſont traînés par un plus grand ou un moindre nombre de chevaux, que celui déterminé par les Règlemens ſur les Poſtes aux chevaux.

§. I I I.

Voitures de terre partant à jour & heure fixes pour des lieux déterminés.

Ces voitures ſont celles qui, à une époque déterminée, partent d'une commune pour une autre telles que les Diligences, Carroſſes, Fourgons, & autres. Il eſt à obſerver que, ſoit qu'elles ſoien ſuſpendues ou non, il eſt dû le dixième, ſauf la déduction du quart du prix des places de l'intérieur de ces voitures, & du Cabriolet qui y tiendroit (*art.* 69, n°. 2). Il n'eſt rien dû pour les effets & marchandiſes portés par leſdites voitures, ni pour les places établies ſur l'impériale (*art.* 68). La loi ne faiſant pas d'exception, il en réſulte que toutes les voitures publiques, *ſuſpendues ou non*, partant à jour & heure fixes, & pour des lieux déterminés, doivent le dixième. Le Miniſtre des finances l'a ainſi décidé le 7 Nivôſe an 6. (Voyez la Circulaire de la Régie, du 30 du même mois, n°. 1191, citée au paragraphe précédent).

§. I V.

Voitures d'eau.

Les voitures d'eau *partant à jour & heure fixes, & pour des lieux déterminés*, ſont aſſujetties au droit du dixième du prix des places. La Régie eſt autoriſée à le régler par abonnement, d'après le nombre moyen des voyageurs qu'elles tranſportent annuellement : & dans le cas de difficultés ſur la quotité de cet abonnement, le Miniſtre prononce (*art.* 73 *de la loi*). Les marchandiſes & effets que ces voitures tranſportent ne doivent aucun droit. (Voyez pour le mode d'abonnement, page 14 ci-après).

§. V.

Eſtampille.

L'*Eſtampille* conſiſte en une plaque en tôle,

imprimée du cachet de la Régie, & des mots *Rép. Fra.*, en encre à l'huile, avec le numéro ou chiffre de la déclaration. Cette plaque doit être fixée à demeure dans le haut & au côté droit du devant de la voiture ; & pour celles à soufflet, au milieu du devant de la portière.

CHAPITRE II.

Obligations des redevables.

§. I.er.

Des Entrepreneurs de voitures publiques de terre, partant d'occasion ou à volonté.

Tout Entrepreneur de voitures publiques, de la nature ci-dessus & désignées au paragraphe II du chapitre précédent, est tenu 1°. de fournir au Receveur de l'Enregistrement de son établissement, la déclaration de sa voiture ou de ses voitures, énonciative du nombre des roues & des places de chaque voiture. 2°. De signer avec ce Receveur ou tout autre employé de la Régie, l'inventaire qui sera fait desdites voitures, par suite de cette déclaration, lequel contiendra le procès-verbal d'apposition de l'estampille. 3°. Enfin, de payer chaque année, le droit relatif à l'espèce de ses voitures, suivant le tarif compris dans le §. I.er du chapitre précédent. (*art.* 70).

Si l'Entrepreneur se trouvoit dans l'impossibilité de payer ce droit *comptant*, il doit en justifier au Receveur de l'Enregistrement qui, après en avoir référé au Directeur, lui accordera des facilités, s'il y est autorisé. (Circulaire, n°. 1108, page 5).

Au surplus, sur la question de savoir si, lorsqu'une voiture partant d'occasion ou à volonté, établie dans le courant de l'année, doit le droit sur le pied de ce qui seroit dû pour l'année entière, ou seulement au *prorata* du temps qui doit s'écouler depuis l'établissement, le Ministre des finances a décidé, le 17 pluviôse an 6, que le droit n'est dû qu'à compter du trimestre dans lequel la déclaration a été faite, dans la proportion de ce qui seroit dû pour l'année. (*Voyez* la Circulaire de la Régie, n°. 1230.)

D'après cette décision, il suffit aux nouveaux Entrepreneurs d'acquitter le droit de messagerie, pour le restant de l'année, à compter du trimestre dans lequel ils forment leur établissement.

Enfin, on a demandé : 1°. Si un Entrepreneur de voitures publiques partant d'occasion ou à volonté, & qui a cessé son exploitation dans le courant de l'année, peut être contraint à payer le droit fixe déterminé par l'art. 70 de la loi, ou s'il n'est tenu qu'à une portion de ce droit, au *prorata* de la durée de son exploitation ; 2°. si dans cette dernière hypothèse, il est fondé à réclamer le remboursement de l'excédent, dans le cas où il auroit payé la totalité.

Le Ministre a décidé, le 2 fructidor an 6, que dans le premier cas, cet Entrepreneur doit être contraint à payer le droit pour l'année entière, s'il ne l'a pas fait, parce qu'il étoit acquis en entier au moment où il a commencé son exploitation ; que dans le dernier cas il n'y a pas lieu à la restitution d'un *pro-rata*, par le même motif. (*Voyez* la Circulaire, n°. 1380).

§. I I.

Des Entrepreneurs de voitures publiques de terre, par-tant à jour & heure fixes, & pour des lieux déterminés.

Le §. III du chapitre précédent, indique quelles font les voitures dont il s'agit. Tout Entrepreneur de ces voitures doit fournir sa déclaration au Receveur de l'Enregistrement, du lieu du principal établissement. Cette déclaration doit énoncer la route ou les routes que les voitures doivent parcourir, l'espèce & le nombre des voitures qu'il emploie, la quantité des places qu'elles contiennent dans l'intérieur de la voiture, & du cabriolet qui y tiendroit ; & enfin, le prix de chaque place.

Nota. La Régie avoit pensé que ce prix devoit comprendre, non-seulement celui qui étoit fixé avant la perception du droit de passe ou d'entretien des routes, mais encore l'augmentation que plusieurs Entrepreneurs ont exigée pour s'indemniser du paiement de ce droit, par le motif que le droit de paſſe n'eſt pas à la charge des voyageurs, mais des Entrepreneurs de voitures, & que ceux-ci ſont tenus de payer le dixième du prix entier des places des voitures qu'ils exploitent, ſauf la déduction fixée par la loi. (*Voyez* la Circulaire, n°. 1335).

Le Miniſtre des finances a décidé, au contraire, le 17 fructidor an 6, qu'on ne pouvoit pas exiger le droit du dixième ſur l'augmentation dont il s'agit, parce qu'elle n'eſt que le rembourſement d'un droit dont les Entrepreneurs font les avances, & qu'ils pourroient charger les voyageurs d'acquitter eux-mêmes.

Il réſulte de cette déciſion, que ces Entrepreneurs doivent comprendre dans leur déclaration du prix des places, l'équivalent du droit de paſſe, & que le droit du dixième eſt dû ſur ce qui leur reſte net.

E X E M P L E.

Le prix des places d'une voiture publique eſt ſuppoſé, pour un départ, de 400 francs; le droit de paſſe, de 25 francs. Total . . . . 425 francs.

à déduire

1°. Le droit de paſſe de . .   25 f.
2°. Le quart du prix net.   100   } . . 125

Reſte . . . . 300 francs.

L'Entrepreneur ne devra donc, dans cette ſuppoſition, le dixième que ſur 300 francs.

Des Entrepreneurs n'ont déclaré que le prix des places, déduction faite du dixième qu'ils paient ; c'est une contravention à la loi ; les Employés de la Régie sont chargés de la relever, & de la constater par procès - verbal. (*Voyez* la Circulaire, nᵒ. 1380).

L'entrepreneur doit également signer l'inventaire qui sera fait, après cette déclaration, par le Receveur de l'Enregistrement, ou tout autre Employé de la Régie, lequel contiendra procès-verbal d'apposition de l'estampille (*art.* 69).

Il doit enfin payer chaque décade le dixième du prix des places de ses voitures, sous la déduction du quart pour les places qui peuvent se trouver vides (*art.* 71).

Lorsque le *départ* & le *retour* sont à jour & heure fixes, le paiement pour le départ seulement se fait au Bureau de l'Établissement , & pour le retour dans la commune où il a lieu. Ainsi , un Entrepreneur de voitures partant de Paris pour Bordeaux, à jour & heure fixes , & revenant de Bordeaux à Paris, également à jour & heure fixes, doit payer à Paris pour le *départ* , & à Bordeaux pour le *retour*.

Si le retour n'était pas à jour & heure fixes, la perception doit être faite en entier au lieu du départ. Cette explication fait l'objet de la circulaire de la Régie, nᵒ. 1130.

§. I I I.

*Des Entrepreneurs de voitures d'eau, partant à jour
& heure fixes, & pour des lieux déterminés.*

Les Entrepreneurs de voitures d'eau, partant
d'occasion ou à volonté, ne font pas compris dans
la loi : elle n'assujettit au droit du dixième que
les Entrepreneurs des voitures d'eau, *partant à
jour & heure fixes, & pour des lieux déterminés ;*
ceux-ci doivent en conséquence se conformer à
ce qui est porté au paragraphe précédent ; mais
comme le nombre des voyageurs est toujours in-
certain, la loi autorise la Régie à faire un abonnement avec eux. Pour y parvenir, ils feront leurs
propositions au Receveur de l'Enregistrement de
la situation de leur Établissement qui, après infor-
mation préalable, rédige un projet d'abonnement,
& l'adresse au Directeur. Ce traité n'est définitif
que lorsqu'il est approuvé par la Régie. Jusque-
là les Entrepreneurs doivent payer, chaque décade, provisoirement & à titre d'à-compte, entre
les mains du Receveur, le dixième de la somme
fixée pour le prix des places, déduction faite du
quart (*art.* 69, 71 & 73 *de la loi*).

§. I V.

*Dispositions communes à tous les Entrepreneurs de
voitures.*

L'article 72 de la loi porte, que tout Entrepreneur

de voiture, convaincu d'avoir omis de faire sa déclaration ou d'en avoir fait une fausse, sera con-
damné à la confiscation des voitures, harnois, & à
une amende qui ne pourra être moindre de 100 fr.
& plus forte de 1000 fr. Il est donc de leur intérêt
de se conformer, avec exactitude, à ce qui vient
de leur être indiqué, pour se mettre à l'abri de
cette peine.

Tous les Employés de la Régie & les Fonctionnaires publics sont chargés de constater les contraventions de ce genre.

CHAPITRE III *& dernier.*

Devoirs des différens employés de la Régie.

§. Ier.

Des Receveurs de l'Enregistrement.

1°. Ils perçoivent le droit de Messageries, comme
celui sur les Patentes. Cette recette doit être portée
sur le même registre, mais tirée hors ligne, dans une
colonne particulière, à moins que la recette ne soit
assez considérable pour exiger un registre *ad hoc.*

2°. Ils forment un état des Entrepreneurs établis
dans leur arrondissement, d'après les renseignemens des Administrations municipales, & sur le vu
des rôles de la contribution personnelle.

3°. Ils doivent tenir un registre, ou sommier de

compte ouvert, pour y recevoir, par ordre de numéro pour chaque voiture, l'extrait des déclarations
que les Entrepreneurs font tenus de faire, ainfi qu'il
a été obfervé au chapitre II ci-deffus. Ils veilleront
particulièrement à ce que ces Entrepreneurs s'y con-
forment avec exactitude.

Lorfque les Entrepreneurs de voitures publiques,
partant à jour & heure fixes, ont des voitures de relais pour remplacer celles qui ont befoin de répara-
tions, ces voitures ne font pas fujettes au droit ;
mais la déclaration doit porter, à ce fujet, une
difpofition précife, ainfi que la quittance des droits
& l'inventaire mentionné ci-après.

Voyez la Circulaire, n°. 1130.

4°. Ils fe tranfportent dans le lieu où font les
voitures, vérifient fi la déclaration eft exacte, dreffent
un procès-verbal conftatant cette vérification, l'inventaire du nombre des voitures & des places de
chacune, & l'appofition de l'eftampille. Ce procès-
verbal doit être figné par eux & par l'Entrepreneur.

5°. Au premier brumaire, ils comparent les déclarations faites, avec les états dont il a été parlé
au n°. 2 ci-deffus ; & s'ils reconnoiffent que des
Entrepreneurs ne fe font pas mis en règle, ils les
avertiffent de fatisfaire dans huitaine, à ce que la
loi leur prefcrit. Ce délai expiré, les Receveurs conf-
tatent la contravention par un procès-verbal, qu'ils
affirment, dans les vingt-quatre heures, devant le
Juge-de-paix ,

Juge-de-paix , & ils concluent à la confiscation &
à l'amende , conformément à l'art. 72. Après avoir
fait fignifier ce procès-verbal au contrevenant , avec
affignation au Tribunal civil , ils l'adrefferont à leur
Directeur.

6°. Ils doivent , avant le premier frimaire ,
adreffer à leur Directeur un état à colonnes qui
fera connoître , 1°. le nom de chaque Entrepreneur ; 2°. la date des déclarations ; 3°. le nombre
des voitures ; 4°. la fomme des droits , en diftin-
guant ceux du dixième , des droits fixes ; 5°. le
montant des paiemens faits ; 6°. celui des paiemens
à faire ; 7°. le nombre des déclarations paffées ;
8°. enfin , le nombre des déclarations à paffer.

7°. Ils rapportent avec foin , fur le regiftre mentionné au n°. 3 ci-deffus , les paiemens qui leur
font faits , & au fur & à mefure , afin de connoître ,
à chaque inftant , la fituation des redevables , & de
pourfuivre ceux qui pourroient être en retard.

8°. Ils traitent provifoirement , avec les Entrepreneurs de voitures d'eau , pour l'abonnement qui
doit être fait avec eux , fuivant l'art. 73 , & envoient
ce projet d'abonnement à leur Directeur , avec leur
avis.

9°. Ils font le relevé fur des feuilles de renvoi ,
de toutes les déclarations faites par les Entrepreneurs de voitures partant à jour & heure fixes pour
des lieux déterminés , & retournant de ces lieux

également à jour & heure fixes. Au reste, à l'égard de ces voitures, ils ne doivent percevoir que sur le prix des places pour le *départ*, la perception pour le *retour* devant être faite par le Receveur de la commune où il a lieu, ainsi qu'il a été observé au §. II du chap. II.

10°. Enfin, lorsque les circonstances ne permettront pas aux Entrepreneurs de voitures, partant d'occasion ou à volonté, de payer comptant le droit fixe pour l'année entière, les Receveurs en référeront à leur Directeur, en l'invitant à accorder aux redevables les facilités nécessaires.

§. I I.

Visiteurs.

Ces Employés sont particulièrement chargés de poursuivre l'exécution de la loi sur les Messageries. Pour remplir leurs obligations sur cet objet, ils doivent : 1°. prendre communication du registre des déclarations, tenu par les Receveurs de l'Enregistrement, & de l'état des Entrepreneurs de voitures, les comparer ; & s'il en résulte qu'il y a des contraventions à la loi, se transporter chez les contrevenans, & constater leurs contraventions par des procès-verbaux qui doivent être affirmés, dans les 24 heures, devant le Juge-de-paix.

2°. Prendre extrait des déclarations & de l'état ci-dessus, consulter les Administrations municipales,

les Fonctionnaires publics & les citoyens, pour s'assurer qu'il n'y a pas d'autres Entrepreneurs que ceux portés sur l'état. Si les renseignemens qui leur feront communiqués leur font découvrir de nouvelles contraventions, ils les constatent de la manière indiquée à l'article qui précède.

3°. Vérifier chez les Entrepreneurs de voitures publiques, si leurs voitures sont estampées. A l'égard de ceux qui ont des voitures *partant à jour & heure fixes & pour des lieux déterminés*, s'assurer : 1°. Si les voitures de relais sont en stagnation ; 2°. si par l'examen de leurs registres, le prix des places des voyageurs n'excède pas celui porté dans les déclarations, sauf les déductions rappelées au §. II du chap. II, & constater les contraventions qu'ils reconnoîtront.

4°. Se transporter fréquemment sur les places & les chemins publics, examiner si les voiture publiques sont estampées, se faire représenter la quittance des droits, & s'assurer que lesdites voitures ne contiennent pas un plus grand nombre de roues & de places, que celui déclaré.

5°. Remettre avec exactitude, à leur Directeur, leurs procès-verbaux de contravention.

6°. Enfin, rédiger avec ordre, clarté & précision, les journaux de travail qu'ils doivent remettre à leur Directeur à l'expiration de chaque quinzaine, de manière que la Régie & le Directeur puissent connoître la véritable situation de cette perception.

Apprécier le mérite des démarches des Viſiteurs, & leur donner les ordres convenables.

§. I I I.

Inſpecteurs & Vérificateurs.

La Régie, par ſes différentes Circulaires, a invité ces Employés ſupérieurs à concourir de tout leur pouvoir à la perception du droit de Meſſagerie. Ils ſont particulièrement chargés de préſenter par leurs Journaux la ſituation de cette branche des produits. Ils doivent examiner le regiſtre ou compte ouvert mentionné au n°. 3, § Iᵉʳ. du préſent chapitre, le comparer avec l'état des Entrepreneurs, établir les déclarations paſſées, celles reſtant à paſſer, donner des ordres aux Receveurs pour preſſer les recouvremens arriérés, dreſſer des procès-verbaux contre les contrevenans, & s'aſſurer que les Receveurs ont envoyé au Directeur les états & ſupplémens indiqués n°. 6, §. II du préſent chapitre, & qu'ils ont relevé avec exactitude les déclarations qui doivent être renvoyées aux Receveurs des Bureaux du lieu du retour des voitures *retournant à jour & heure fixes.* Enfin ils doivent examiner les inventaires ou procès-verbaux d'appoſition d'eſtampille, pour ſe rendre certains qu'ils ſont rédigés dans la forme convenable, & concourir, par leurs inſtructions, au ſuccès des recherches & opérations des viſiteurs.

§. I V.

Des Directeurs.

Ils font chargés, 1°. de foumettre à l'approba-
tion de la Régie, avec leurs obfervations & leur
avis, les projets d'abonnement des voitures d'eau
qui leur font adreffés par les Receveurs.

2°. De faire fabriquer des eftampilles, & d'en
envoyer à chaque Receveur un nombre fuffifant.

3°. D'adreffer au Bureau central de la Régie,
troifième Section, l'état général, dont la forme
eft indiquée page 6 de la Circulaire, n°. 1108,
compofé des états particuliers qui leur font envoyés
par les Receveurs de leur direction.

4°. De fe concerter avec les Adminiftrations
centrales de département, pour faire procéder à
la location au profit de la République des mai-
fons & bureaux qui fervoient à l'exploitation des
Meffageries nationales.

5°. Enfin, fuivre devant le Tribunal civil les
inftances engagées par fuite des procès - verbaux
dreffés par les différens Employés contre des Entrepreneurs qui n'ont pas fait de déclaration, ou qui
en ont fait de fauffes.

C'eft au furplus aux Directeurs qu'il appartient
d'affurer le recouvrement du droit de Meffageries,

par leur surveillance , & par des inſtructions fré-
quentes , tant aux Employés ſupérieurs & Receveurs , qu'aux Viſiteurs , plus ſpécialement chargés
de la recherche des contraventions.

F I N.

TABLE ALPHABÉTIQUE
DES MATIÈRES.

V.

Fin de la Table.

De l'Imprimerie de STOUPE, rue de la Harpe, N.º 188.